파이데이

파이데이

김사리 시집

시인의 말

이제 겨우 시작인데
발이 아프다

내가 밟았던 흙이며 돌멩이 하나
귀에 담지 못했던 작은 소리들
기꺼이 몸 내어준 시집에게
미안하다

소리 없는 지도를 다시 펼친다

2019년
김사리

차 례

● 시인의 말

제1부

세 번째 눈 ──────── 12
Limit ──────── 14
휴일 ──────── 16
파리지옥 ──────── 19
21세기 악어 ──────── 20
서랍을 비우는 시간 ──────── 22
희망사항 ──────── 24
입술의 무게 ──────── 26
나선형 마술 ──────── 28
나비 집 ──────── 30
궤도 이탈한 달이 지구로 돌아오는 시간 ──────── 32

제2부

착란의 거리 ──── 34
직소퍼즐 ──── 36
뻐꾸기는 왜 울음에 알을 슬어놓았나 ──── 38
타로 ──── 40
시그널 ──── 42
개의 사회학 ──── 44
Mr. 알람 ──── 46
데칼코마니 ──── 48
밤의 데자뷔 ──── 50
오늘의 레시피 : 웃기는 짬뽕 ──── 52
피고 지는 동안 ──── 54

제3부

청마트료시카 ──── 58
내 슬픈 전설의 49페이지 ──── 60
묵음 ──── 62
Wafers ──── 64
불완전 모놀로그 ──── 66
씨앗의 행방 ──── 68
난시 ──── 70
동주 ──── 72
다른 문 ──── 74
문득, 과녁 ──── 76
녹거나 흩날리거나 ──── 78

제4부

민달팽이 ── 82

거울의 습관 ── 84

빗방울 영상 ── 86

악어에 대한 편견 ── 88

동물 연대기 @ ── 90

꽃의 내부 ── 92

낙과落果 ── 94

드라이플라워 ── 96

오후 레시피 ── 98

파이데이 ── 100

비상구 ── 103

▨ 김사리의 시세계 | 고봉준 ── 108

제1부

세 번째 눈

두 눈을 지운 자리에서 손가락이 자라기 시작했어요
손가락 끝에 생긴 눈이 비밀번호를 누릅니다
해제된 약속이 풍경을 이끌고 안방으로 들어갑니다

인공 시선과 눈물을 파는 상점은 뜻밖의 비밀
시선의 종류와 눈물의 농도에 따른 면죄부는 불티나게 팔려나가고,

울지 마, 소리에 돌아보면
얼굴을 감싼 손가락이
적당한 시야로 멀어지거나 다가오는 얼굴

말을 건넨 얼굴이 원하는 눈빛으로 당신은 말을 합니까
한결같은 시선의 껍질을 벗기면 마침내 원하는 눈빛이 나옵니까

빛을 보면 재빨리 터져버리는 눈망울들
등을 대고 말하는 습관이 전염되는 동안

창문 많은 눈을 부릅뜨며 푸른 하늘을 가리는 동안
그림자를 가진 젖은 눈빛을 더는 떠올리지 않을 거예요

어둠을 매만지면 심장에 쌓아둔 빙하가 녹아 밑바닥까지
쓸어가 버리고,

거리에는 자신의 눈을 의심하지 못하는 사람들이 걸어갑
니다

Limit

거울의 파편에 찔린 앵무새는
눈을 뜬 채 죽은 척 할지도 몰라

다섯 줄 일기로 마감될 세상이라지만
꼬리 깃털을 버린 새의 몸으로
동쪽을 향해 날 수가 있을까

거꾸로 보아도 바로 읽히는
부리를 가지고 싶어
지구가 양말처럼 뒤집혀도
공기는 숨을 쉴 수 있었으면 좋겠어

바람에 혀를 한없이 가까이 대면
뒤집힌 뿌리를 살려줄 마술이 통할지도 몰라

웃고 있을 때 입속으로 들어간 박쥐는
아직 입천장에 매달려 있어
혀의 힘은 앵무새 편일까 박쥐 편일까

두 사람이 마주 보고 한없이 가까이 가면
두 사람이 세 사람이 되고 네 사람이 되고
너무 많은 사람이 한없이 가까이 가면
거울은 곡해 없이 해석될까
다시는 앵무새가 울 일이 없을까

똑같은 눈높이와 표정으로 말해도
안과 밖은 구분된다면

박쥐와 거울이 한 마리의 앵무새가 될 때까지

한없이 가면 우리는 순순히
정해진 퍼즐 조각이 될까

휴일

맨발이다
우산을 쓰지 않고 계단을 내려간다
최후의 지점은 어디일까

비 오는 토요일
눈 오는 일요일
컵이 깨지지 않아 심심한 공휴일
종일 길거리를 쏘다닌다

뒤집힌 우산과 풀어진 두루마리 화장지가
골목 입구에서 나뒹군다

유리컵 위 유리컵
유리컵 속 하늘
거미줄을 타고 내려온 시간들이
발목에 휘감긴다
어디에선가 종이배가 침몰한다

나는
야구방망이를 휘둘러 컵을 깨뜨리는 사람
비는 눈물
결국 너라는 지점에서 흘러내린다
젖은 네 눈동자 속에서 버둥거리는 나를 본다

목마름은 일상
저녁이 비에 젖는다
나는 누구의 우산일까

이쯤에서 우산을 접어야 할까
우산 안에 얼굴을 묻고 계속 걸어야 할까

창문 아래 어항
어항 속 금붕어가 헤엄친다
어항 밖 금붕어가 파닥인다

비를 걸어 잠근 우산

조금 남은 일요일을 닦는다
저녁이 흘러넘친다

파리지옥

  손이 닿는 곳마다 무덤이 도착했다 천국일지 모른다는 생각이 덫이 되어 제 목을 졸랐다 시험에 든 이정표는 몇 년이나 서 있을까? 잘 풀리는 집*을 앞세워서 아는 집을 방문한다 따개비처럼 붙어 있는 이웃이다 빛을 잃은 별이 복도 끝 작은 창문 밖으로 사라졌다 잘린 꼬리는 열쇠였다 그런 날이면 손전등을 들고 별의 행방을 찾아다녔다 불빛이 연거푸 동그라미를 쳤지만 반응이 없었다 ○와 X에 대한 편견은 대개 예의가 없었다

  청춘이 황색 점멸신호등처럼 깜박거렸다 손을 대는 곳마다 실금이 생겼다 백색소음이 기승을 부리는 깊은 밤

* 두루마리 휴지 이름.

21세기 악어

그때 나는 백화점 앞 횡단보도를 건너가고 있었어
악어의 등가죽은 선반 위 엎어놓은 그릇처럼
내 어깨에 매달리고
그때 신호등 파란 불이 깜박이고 있었지
머리에서 꼬리까지 가지런히 엎어진
윤이 나는 밥그릇과 국그릇 크고 작은 접시들을
다 삼켜도 모자라는 악어의 값,
그때 나는 그릇 속에서 휘어진 숟가락을 떠올렸어
버려진 악어의 두 눈은 버려진 숟가락처럼 그 끝이 움푹
하고

결식아동 백만 명

입이 큰 악어를 생각한다
온몸에 빈 그릇을 덕지덕지 감은 악어
나는 그때 악어의 입장에서 생각했어
악어를 가둔 곳은 악어의 껍질, 그 껍질 때문에
목숨은 가방이 되고

악어만 늘 배가 고프지

밥알 한 톨 담지 못해 엎어놓은
빈 그릇들 오래 텅 빈 웅덩이
그때 나는 하늘을 바라보다 잠시 멈칫 서 있었지
저 높은 어딘가에서 악어의 눈물이 고이는 것 같아 점점 더
높아지는 가을 하늘 저리 높은 곳에서 점점 더 깊어지는
우물

그때 나는 지하철역 계단을 내려가고 있었어

깊은 우물의 악어 그리고
배고픈 아이들

서랍을 비우는 시간

 자 이제는 서랍들을 위로할 시간, 낡은 서랍에게 서랍은 힘겨운 주머니가 맞습니다 감정은 나눠진 칸 수만큼이나 다양합니다 손이 닿기 쉬운 곳에 넘치기 쉬운 감정을 넣은 당신은 가벼운 걸음의 행인쯤으로 생각할까 고민 중,

 나는 비울 줄 모르는 서랍이다가 비우는 서랍이 되기로 작정했거든요

 잊히길 좋아하는 서랍 속 내용물은 습식의 습성을 닮았습니다 신문지를 펼치면 횡단보도 앞, 울고 있는 서랍 좌우로 두 개의 서랍이 닫혀 있다니, 감정이 인간적이란 소문은 믿을 수가 없네요

 무료급식소 앞을 메운 고향을 등진 서랍들, 내려다보니 서랍들이 빠져나온 집은 새장을 닮았네요 한 무리의 사람이 새가 되는 오후입니다

 서랍을 빼낸 후 무너진 가슴으로 내가 울고 있네요 루돌

프는 12월의 산타를 열고 거리로 뛰쳐나왔어요 오늘밤은 서랍에다 물 먹는 하마라도 집어넣어야겠어요 하마의 입속으로 울음이 사라진다는 소문을 믿으며 지금쯤은 서랍을 비우고 싶은 시간입니다

희망사항

금빛 모래알도
멸치를 좋아하던 갈매기 떼도
잔설殘雪로만 남은 이곳,

너무 멀리 떠나온 탓일까
버려진 곰인형의 가슴을 열어 보면
피 묻은 유리조각이 빼곡히 박혀 있다

쉽게 잊히지도 지워지지도 않는 부서져 내린 길이
하얗게 질린 족적이다
파도는 해안을 따라 반나절 내내 불침번을 서고 있다

집게 잃은 게들이 옆으로 기어간다
술래가 된 사람들은 낮게 드리운 어둠이다

그리하여 술래는 술래로부터 너무 멀리 떠나온 것
얼음은 전생에도 얼어붙은 얼굴,
투명한 물고기가 나아갈 방향을 몰라 처마에서 흔들린다

반쯤 가린 모자를 벗어들고 태양을 맞이하자
노랑부리저어새는 못난 제 부리를 드러내고
굴뚝새의 재투성이 얼굴쯤 보여줘도 괜찮아

기댄 어깨는 그것이 무엇이든 모두를 위한 것이므로,

입술의 무게

입술이 만든 저 허공은 구멍이다

젖은 입술에 꽃씨를 감춘 나비

갈참나무 숲길을 걷는 동안 노란 날개 가장자리

검은 점 하나 새겨지고 말 것이다

깊어지는 숲 그늘은 나비가 넘어야 할 산, 건너야 할 강

그늘이 쌓여 어둠이 되는 동안

눈동자는 젖은 곳 들여다보는 습관을 가지게 된다

입술의 무게를 견디려고 날개를 떠는 나비

지쳐간다는 생각이 잠이 깨는 새벽녘에

세상의 어떤 허공도 퍼덕이는 날개를 멈추게 하지는 않을 것이다

나비의 입술은 당신이란 허공이다

나선형 마술

막다른 골목이다
미끼를 물고 한 순간에 넘어간다
달려든 자객에게
심장을 베이고도 살아날 관이 있다면

울컥, 끓어오르는 표정을 가면 속에 숨긴
나는 당신의 피에로
우리는 언제든 피에로가 될 수 있다

나선형 계단을 돌고 돌아 소실점 위에 서 있는
당신 혹은 나,
조명의 집중력이 오래 우리를 붙들었지만
거긴 아무도 없다

이건 마술사만 아는 사실
모두 가슴 졸이고 있을 때
태양의 심장 속으로 사라진다

마술사는 표정과 손동작으로 복화술을 한다
속는 자와 속이는 자 사이
사라지는 자는 있게 마련

안녕,

한마디 내뱉었을 뿐인데
한꺼번에 진실은 드러나고야 마는 것
속고 속이는 세상에서
사라지는 기술도 필요한 법이다

나비 집

그늘을 썰어 넣은 어머니의 항아리가 방안에 떠다녔다
공복의 입속에는 어둠이 차올랐다

한 번도 쏟지 않은 항아리가 궁금하여 혀끝에 닿는 입속을 어머니라 불렀다
휘휘 젓는 손길을 따라 하얀 나비 떼가 날아올랐다

언젠간 고양이 한 마리 어둠을 계단처럼 밟고 서서
선반 위 광주리에서 생선 꺼내 먹는 장면을 지켜본 적 있다
허기를 목에 감은 저녁이었다

냉골 방안에서 어머니의 항아리가 떠다니고 있었다
온몸으로 항아리를 지탱하던 기둥의 신음이 앙다문 입속을 두드리듯 빙빙 돌고 있었다

"어둠도 얇게 썰면 날개가 되는 거란다"

항아리를 움켜진 커다란 손 하나가 항아리를 뒤집어 툭

툭 털고 있었다

　굳게 닫혔던 입술을 비집고 하얀 나비 떼가 날아올랐다

궤도 이탈한 달이 지구로 돌아오는 시간

자작나무 숲길이었다 나뭇가지에 걸린 달빛을 풀어놓자 달이 풍선처럼 날아올랐다 달이 날아가는 방향으로 낮이 밤보다 길어졌다 나는 달을 떠나보낸 자작나무를 어루만지며 달과 나 사이 죽은 양의 굽은 뿔을 끼워 넣었다

달과 나 사이 간격은 얼마일까

달은 보름 낮을 걸어왔고 보름밤을 멀어졌다
자작나무 숲길이었다

제일 먼저 본 달의 모습은 누운 양의 굽은 뿔 하나
다음 날은, 돌아누운 양의 굽은 뿔 하나
달과 나의 거리는 굽은 뿔을 가진 양이 밤낮 쉬지 않고 보름 동안 울어야 도착하는 거리

머리를 풀어헤친 사람이 죽은 양의 뿔을 안고 울고 있었다
자작나무 숲길이었다

제2부

착란의 거리

걸어서 당도할 수 없는 곳에 나를 걸쳐두었다
오래 바라보면 먹장구름이고
다시 보면 어둠
낡은 외투의 목덜미에 어제보다 짙은
장미향이 다가왔다
잠시 후면 오늘이고 이미
겨울이었다
뗏장도 없이 황량한 정수리에 꽃다진
장미넝쿨이 우거졌다
구름에 부딪쳤나 발끝이 저려왔다
이마를 만지면 아무도 듣지 못한 시곗바늘 소리가
입속을 맴돌았다
입속 시간들은 벽화로 그려졌다
몸에 걸친 생각이 무거워서 옷이 짧은 사람들을
연인이라 불렀다
천둥번개의 입속에서도 장미향이 가득했다
굳게 닫힌 입술에 심장을 달아준다면
내가 아는 연인들은 온기에 민감하다

쉽게 금이 가는 도시의 연인들은 투명한 유리 옷을 입고 있었다
유리 옷을 입은 마네킹처럼 웃고 있어야겠다

직소퍼즐

　장작을 지피는 노파는 사실 내 어머니, 우리의 관계는 불을 지펴주고 활활 타오르는 가마솥에 빠져주는 관계 알게 모르게 계약된 관계 퍼즐이 다 맞춰지는 순간 시간은 정지되고,

　퍼즐끼리 머리를 맞대고 역모를 도모한다 대화가 물꼬를 트는 순간 노파는 엄마였던 사실을 잊고 토실토실 살진 내 몸 쳐다보며 군침을 흘린다

　불을 끄고 누우면 퍼즐도 사라지고 덩달아 잡념도 사라진다 어머니는 노파라는 사실도 잊은 채 손가락 빨며 잠이 든다

　창문에 어른거리는 저 그림자, 어서 꺼져 버려 눈을 꼭 감는다 토닥토닥 등을 두드리면 아가처럼 눈물 채 마르지 않은 어머니

　밤 사이 벽지가 퍼즐 조각처럼 걸어 나와 그녀를 가두자

다시 무서운 노파가 되어버린 어머니, 과자 집으로 걸어 들어간다

 믿지 않는 버릇이 유언비어처럼 무섭게 불어나 수북이 쌓인다 시간이 침을 흘린다 퍼즐이 완성된 사람들 어디론가 사라진다

뻐꾸기는 왜 울음에 알을 슬어놓았나

불빛 없는 유리창과 발끝 없는 영혼이 살아나는 시간
자정을 물고 뻐꾸기가 울고 있다

울음으로 반겨줘서 고마워요, 당신

달을 반긴 울음이 눈먼 뻐꾸기가 되었다면 맨 처음
도착한 곳은 안개 숲일까 거울 앞일까

울음이 깊어질수록 어둠은 무성해지고
궁금증이 커질수록 둥지에 알을 낳는 아침

꼬끼오

뻐꾸기 둥지에서 닭의 우렁찬 소리가 해를 반긴다

 해를 반긴 소리가 울음을 웃음으로 바꾼 씨암탉이라면
  지금 낳은 알은 파란 달걀일까 붉은머리오목눈이 흰 알
일까

부리가 뭉툭해질수록 알은 충실해지고
저녁에 다가갈수록 알껍질은 얇아진다

울음의 기원을 바꾸기 위해 탁란을 하는 뻐꾸기
어둠 속에서 해가 버린 알을 품은 달을 떠올리며
벽시계 속으로 지친 길을 접어 넣는다

열심히 살아줘서 고마워요. 뻐꾹

타로

한 장 한 장
꼬리에 꼬릴 잇대어 가오리연처럼 날려 봐

문은 늘 잠겨있고
딴 곳을 쳐다보는 버릇은 여전하네

텅 빈 것은
가방인가 가족인가

아파, 아파, 아빠라고 부를 수 없는
안방처럼,

어둠, 가면, 아우성

사각 링 속의 수많은 발자국
어지럽게 겹친 내 발자국
갇힌 입술들이 밤을 보채는데
호각을 불어도 붙어 떨어지지 않는 파이터

싸움은 언제 끝이 날까

바람이 불기 시작하면 한 의자가 넘어가고
모퉁이에선 피리 소리 들려오는데,
발자국은 어디로 향하고 있나
시작과 끝의 문은 어디일까
다른 링에 올라가 볼까

나는 몇 번 더 손바닥을 뒤집을 수 있어

시그널

바닥을 두드리다 바닥이 된 아버지
망치질할 때마다
밑바닥 가족사가 사차선 도로처럼 펼쳐졌다
길목 고려당 빵집 앞에서 아버지는
앉은뱅이 의자였다
그 의자,
구부러지고 구멍 난 길들을 박음질했다
인파가 썰물처럼 빠져나가면
부표처럼 흔들리던 아버지
정작 세상에서 흘러내리는 당신은 붙이지 못해
망치에 손가락이 터지기도 했다
평생을 바닥으로 살던 아버지 끝내,
바닥을 차고 오르지 못했다
한동안 아버지에게 박혀 있던 나는
발이 닿지 않는 먼 바다로 떠나왔다
가끔 수전증으로 떨리는 그 바닥이
새털구름처럼 떠돌다 가고
나를 놓쳐버린 숭숭한 구멍으로 파도가 들이치고

못 자국 난 아버지는 점점 지워졌다
태풍이 뒤집히던 날,
나를 받쳐준 바닥을 보았다
나는 아버지의 가슴에 못 박은 망치였다
가슴에 수장된 슬픔을 향해 돌진하는
저 바닥의 신호,
아버지가 타전되고 있었다

개의 사회학

목소리를 익히면서 사회생활은 시작됩니다 다혈질 습성을 버리기 위해 털을 다듬고 옷을 입습니다

눈빛 쫓아가기
꼬랑지로 인사하기

그림자처럼 따라 걷기는 순종의 기본

그렇다면 똥은 먹이일까 사슬일까

목소리는 나를 완성시킨 도구입니다
저 멀리서 당신의 목소리가 들립니다
손 하나는 흔들고
남은 손 하나에는

뼈다귀 개뼈다귀

눈빛이 마주치면 꼬리를 흔듭니다

날파리를 쫓던 꼬리를 바닥으로 내립니다

꼬랑지가 닿은 땅에 코를 박으면 발밑 깊은 어디선가 들리는 내 목소리

아직 살아 있는 거니?
전생에 파묻었던 야성이여

무릎의 깊이는 삼보
절을 올리기에도 내가 나를 물기에도 적당한 간격

언젠간 짖지 않고 꼬리를 접은 후 나를 물을 것입니다

이봐요, 개뼈다귀

세상에서 그림자 하나 사라질 것입니다

Mr. 알람

껍질처럼 사과 속은 새빨갛다
나지막한 사과 속 창문이 흔들린다

창문, 닫힌 창문

창문 안 사람은 사과의 껍질을 벗겨내고
꺼낸 창문을 오래 바라보았다

원시, 근시, 난시

응시한 사과의 몸속에는 사과의 발소리가 조용하다
창틀 아래에도 사과나무를 심는다면 사과는
붉지 않아서 좋을 텐데

깊은 밤
던져진 사과는 담쟁이 잎에 싸여 말라간다

창문, 꿈쩍 않는 창문

안을 투시하면 창밖을 바라보던 사람이 불을 끄고
침대에 누워 있다

광주리의 기억에서 익은 사과를 다 꺼내면
텅 빈 골목, 헝클어진 머리카락

창밖으로 붉은 사과 알람 소리를 흘린다
사과 속 창문은 닫혀 있어도 새빨갛다

데칼코마니

밑그림을 그린다
쏘아보는 눈빛을 짐작이나 하겠는가
빨강은 파랑을 만나 보라를 낳고
카멜레온을 낳는
하얀 도화지가 물감을 먹는다
시시각각 변하는 색깔의 어리둥절은
일란성 쌍둥이처럼
별난 세상에 태어나
진흙탕 속을 데구루루 구르며
제 그림자를 낳는다
어느 쪽이 붕어이고 붕어빵인지
찰나에 뒤섞여 알 수 없는
한 번도 만난 적 없는 우리 사이
무수히 많이 만난 것처럼
똑같은 말, 똑같은 표정을 짓는다
탁본을 하듯 제 모습을 베낀다
반으로 접혀 눌려진 상처만이
형형색색 피어나는

나비를 닮은, 잠자리를 닮은

꽃은 자라서 다시 하늘로

구름이 된다

매지구름과 천둥번개도

데리고 오는

밤의 데자뷔

미래로 가는 문입니까
그렇습니다만,

문고리를 붙들고 곰이라 불리는 사람이
물구나무서기를 합니다

입안으로만 굴릴 야심한 밤
형체를 알 수 없는 말들이 마구 날뛰는 오늘밤

무시무시한 밤을 원하시나요
젖은 이불을 덮고 눈을 감으세요
불빛이 한 손으로 이불 밑을 더듬으면
맨발의 밤이 컹컹 짖어댑니다
목마른 뱀파이어가 문의 목덜미를 덥석,
선홍빛 핏자국에 놀라 고함치지는 마세요
문밖 혹은 문안,

아차차, 죽은 척 잘하기

한 생 길게 버티실 분 차라리 곰을 선택하세요
곰, 문, 곰, 문, 곰…
주문을 외면 머리칼이 하얗게 자랍니다

환한 대낮 등 뒤에 달라붙어 깊은 밤이 될 때까지

흰 손수건으로 눈물을 훔친 낮의 해변을 따라 머나먼
국경으로 떠난 밤이 되돌아오고

어둠이 숲처럼 우거질 때

제발,
겁먹지 말아요

자, 이제 새로운 문 즐겨 보실래요

오늘의 레시피 : 웃기는 짬뽕

미리 준비해 놓은 재료를 요리대에 올려놓는다

이 재료로 요리하되 양념은 개인의 기호대로 사용해도 됩니다 잔반殘班은 시청자의 눈과 입을 사로잡지 못하니 미련 없이 버리세요 매콤한 원초적 입맛을 되살리려면 불시에 매운 청양고추 하나씩 던져 넣으세요 오늘의 주요리는 뚝배기에 팔팔 끓여 속보로 내보내세요. 가능한 참기름은 국산으로, 눈물에는 인공 감미료를 섞지 마세요

요리전문가의 조언이 원고지에 그득하다

아나운서1은 조리시간을 정확히 맞추고
아나운서2는 격식에 맞는 그릇에 음식을 담아낸다
실시간 맛깔난 요리를 맛볼 시청자를 위해 초빙된 전문위원은
입술에 침을 바르지 않고도 특별요리비법을 공개한다
현장의 두서없는 요리법이 침을 튀기며
흥분한 시청자들의 허기를 유도한다

날마다 끊이지 않는 요리 경연대회,
각종 방송 제작자들 앞다투어 참가한다
기호대로 리모컨을 클릭하면
드라마보다 더 드라마틱한 뉴스쇼가 도시락에 담겨
시청자 안방까지 실시간 배달된다

피고 지는 동안

  텅 빈 공기 속에 있다 보이지 않는다고 없는 게 아니다 여기선 살 수 없어서 떠났다고 말했다 너는,
  슬픔은 더 이상 상대하지 말라고 말했다 물론 듣지 않을 테지만
  시작이 없었으므로 편의상 끝이라고 이름 붙였을 뿐
  종지부를 찍을 수 없는 것

  띄어쓰지않아도알사람은아는것

  꽃잎이 꽃잎을 모른다고 해도 그건 진실이 아니다 그러므로 인생은 끝날 수 없는 게임 시끄러운 장터에서 큰소리로 울어도 아무도 들을 수 없다 길을 잃은 아이처럼 나는 미증유의 결정에 따라야 한다 진실이 먼 훗날 밝혀지더라도 지금 나의 혐의는 다수결 원칙의 희망 사항일 뿐
  봄여름가을겨울 사계절이 꽃향기란 여운을 남기고 피고 질 동안 버스에 몸을 싣고 다만 스쳐 지나갔다 어떠한 여운도 공허한 바큇자국으로 남을 뿐

지금 너와 나는 서로 다른 공기 속에 있다

제3부

청마트료시카

야무진 바늘이 되고 싶었어
부푼 위선을 터트리고 싶었어
껍질을 벗은 알맹이로 다시 시작하고 싶었어

웅크리고 앉아 국경의 아침을 기다리는 사람들이
어둠 속에서 점점 더 깊이 숨어있는
나를 꺼내고 또 꺼내는 거야

거푸집을 해체하듯 위선은 벗어야 하는 거야
남을 찌르던 바늘 끝의
호흡은 짧고도 간결하게

아니라고 부정하면 할수록
십년 전에 태어난 나
이십년 전에 태어난 나
반복적인 눈, 코, 입이 무너지고
바깥으로 튀어나오려는 또 한 사람

똑같은 모습이라고 다 같은 사람이 아닌 거야

수십 번 바늘에 찔린 상처 속에서
바늘은 부러지고 다시 바늘은 태어나고
바늘은 부러지지 않는 바늘이 되는 거야

나를 감춰 흔들리는 내 안에서
마침내 바늘마저 버린 목각인형이 되는 거야

내 슬픈 전설의 49페이지*

　입체적인 슬픔은 덤불처럼 무성하여 하루해가 가끔 귓속에서 뜨고 진다 오늘은 종일 모다깃비가 내린다 젖은 종이의 무게를 견디지 못해 늘어진 활자들은 노새처럼 등이 휜다

　일기장의 오래된 흔적을 뒤적인다 서둘러 넘기려다 찢어지고 젖었던 페이지엔 왼쪽 어깨를, 다른 페이지엔 엄지손가락들을 두고 나왔다

　오른쪽 신발을 분실한 나는 49페이지에 와서 왼쪽 신발을 벗어던진다 둥글게 뭉친 선홍빛 잉크 자국이 시푸른 연못 속에서 소용돌이친다 나는 점점 더 깊은 물속으로 가라앉고,

　어떤 슬픔의 속도는 치타보다 빠르고 코끼리보다 느리다 버림받은 승냥이 떼가 심연 아래로 집단 투신하는 장면이 슬픔의 잇몸에 옹이처럼 박혀 있다

　낯선 물가에 떠밀려온 뜬눈 하나

일기장의 49페이지가 승냥이 떼처럼 술렁인다

* 천경자 화백의 작품명.

묶음

극장은 그림자의 정면입니다
안녕하세요?
뒤늦게 꺼내든 그림자가 낯선 목소리에 부딪혀 넘어지고
모자를 고쳐 쓴 당신이
쓰러진 그림자를 스크린에 옮깁니다
밖이 안이 되는 표정으로 만들어진
모자의 눈빛은 그대로 공중에 매달려 있군요

울음을 버린 고양이 걸음으로
이중 잠금장치를 떼어낸 침실로 들어가면
입을 벌린 채 몇 년이나 늙어버린 당신이
티브이를 켜놓고 잠이 들었습니다

모자 위에서 내려다보면
웃자란 그림자가 높은 언덕을 넘어가고
안은 짓눌린 일상으로 무거워지는 중입니다

음소거된 화면 안이 화면 밖으로 바뀝니다

모자의 어깨에 걸쳐진 머리카락의 시선으로 보면
안팎 구분 없는 잠은 행위이고 모자는 지친 영혼입니다

스크린이 무거워져 상영은 끝내야겠어요

아직 극장에 있나요?
모자를 눌러쓴 모자의 흔적처럼
음소거된 화면 밖의
당신은,

Wafers

여자라고 부를까
너를,
드레스 자락을 끌고 다니는 너를
굽 높은 구두를 신고 발소리를 내며 다니는 너를

혀끝에서 사르르 녹는 것들을
전부 비스킷이라 부른다면
코가 길어서 하늘까지 닿는 너를
분홍 코끼리라 부를까

오늘 너의 이름이 상처라면
바람 부는 대로 날아가고픈 바람이
네 입언저리에 닿았기 때문일 거야

쳐다보면 문득,
보이는 것만이 다는 아니라는 생각에
쉽게 부서지는 계단을 쌓는다

쌓고 쌓고 또 쌓아
한꺼번에 부수는 게임 같은 거야
마음속에 차곡차곡 쌓아두었다가
거짓말이 들키는 순간
깨지기 쉬운 계단을 밟아버린 거야

너의 살색 블라우스가 젖어 있을 때 다가가서
함께 젖어드는 시간이랄까
파르페와 함께 있는 네 모습이 커피 광고처럼 우아하여
꼭 한번 해보고 싶은 배역이었다고
이제야 고백할게

등대가 보이는 바닷가에 앉아
잠깐 시름을 잊은 표정으로
우리,
함께 부서지려고

불완전 모놀로그

복식호흡으로 살아가야 하는 이 땅은 일어서기엔 턱 없이 높은 땅이야
두 번 들이키고 두 번 내뱉는 습관이 슬픔이 되었네

폐 속에 남은 시커먼 연기를 뱉어내고
바깥 공기를 두 번 후욱 들이키네

물푸레나무가 연못에 흘린 제 그림자를 물끄러미 들여다보듯
길을 걷다가도 자꾸 뒤돌아보네

내가 차고앉은 자리가 원본인지 필사본인지,

등이 갈라진 나를 놓아버리는
혹독한 계절과 따가운 시선은 지독한 함정이네

차라리 눈을 감고 허공을 더듬기로 하였네
손바닥의 무늬를 허공에 각인시키며

지금 막 흔들다리를 건너가는

호흡이 호흡을 지탱하는,

씨앗의 행방

감아두었던 태엽이 풀리고 있어요
사라진 얼굴을 돌려주세요
눈, 코, 입을 그려야 해요
기억을 더듬으며 뛰는 심장으로 덜컥, 날아든
바람은 차고 어둠은 불안합니다

씨앗들은 어디로 이동하고 있나요
눈동자가 많아서 방향을 정하지 못했군요

맙소사,
고함을 질러도 소리는 안에서만 맴돌고
올라가는 바람을 탄 사람들은 모 아니면 도
내려오는 길을 몰라 낭떠러지로 몰려가고 있군요
나도 모르게 뒤를 따라가고 있어요

한 발만 옆으로 내디디면 앗,
실족사할지도 모를 벼랑은 유희인가요

바람의 손에 운명이 결정되는 민들레 속씨처럼
자유는 불안을 품은 숨바꼭질

풀린 시간을 되감을 순 없나요
연분홍 치마가 봄바람에 휘날리는데*

* 백설희가 부른 대중가요.

난시

홍차가 생각을 우려낸다
붉은 응접실엔 처음부터 푸른 색깔은 없다
앙리 마티스의 생각이 나뭇잎을 물들인 것처럼,

찻물에 잠긴 찻잔의 내면은
당신의 머릿속을 물들일 음모
홍차가 점점 더 붉어진다

지금 찻잔은 붉은 것들의 작업실
찻물을 젓는 당신의 이 순간은 숨이거나 쉼
붉음은 찻잔 가득 번져보는 혼자만의 노동

회오리친 찻잔 속에서 홍차가 홍차일 때

귀뚜라미는 오래 울며 밤을 식히고
달을 씻은 연못이 일어서서 문을 열고 나간다

급정거한 오토바이가 길을 막은 생각에 부딪혀 쓰러진다

치킨 두 마리가 종이봉투를 뚫고 나와 껴입은 튀김옷을 벗고 맨살로 해체된다

　찻잔 속 충혈된 눈동자는 새벽녘에야 눈을 감는다

동주

  꽃으로 피고 지며
  어디서나 꽃물이 번지기 일쑤였다

  한 마리의 새와 한 방울의 공중과 한 아름의 노을에 걸려 넘어질 때 동주는 제 몸에 색깔을 입히느라 한 번도 울지 않았다

  저물녘이면 담장 밑에 쪼그리고 앉아 성년이 될 때를 기다렸다
  길가 외딴집이 동주가 사는 곳, 외딴집은 동주가 만든 그늘에서 놀기를 좋아했다 햇빛을 받으면 순식간에 늙는 그늘이므로 해를 꽁꽁 싸매야만 했다

  사방으로 뻗은 길은 동주가 떠난 길, 동주를 떠올리며 허공을 싸맨 길은 십이월에 도착하는 사람들로 가득 찬 길이었다

  저 공중

꽃물은 계절에 상관없이 멍 자국처럼 번졌다

다른 문

*10*을 넘어가야 한다.
*1*이라는 긴 터널을 지나서
*0*이라는 구멍 너머는 바깥이다
눈을 뜨면 *0*
눈을 감으면 *1*

*0*과 *1*의 거리

높은 하늘과 키 큰 소나무
강물에 발목을 담근 사람이 보인다

일자로 누워 오리배를 타고 떠난 사람은
버선코만 남겨둔 채 돌아오지 않는다

*1*과 *0*의 거리

석양을 등지고 반대 방향으로 걸어가던 사람은
현관 열쇠구멍으로 들여다본 눈동자 속 낯익은 표정이다

솔밭 사이로 흐르는 은빛 강물이 멀리 있는 사람의 목소리를 풀어 놓는다

종이에 검정색 사각형을 문처럼 그려 넣는다

문득, 과녁

그늘을 잘라 잃어버린 그림자를 만들어낼 때까지
시간은 종소리를 삼키며 잘게 흔들린다
어둠의 끝이 빗살무늬 슬픔이라면
저 짙은 먹빛은
찰나의 아침을 향한 은사시 화살을 닮았다
허공을 가르며 한껏 당겨진 마음은 화살이요
마음 겨눠 팽팽해진 울혈은 화살촉이다
몇 발의 화살을 맞고서야 오롯이 쓰러진 나를 본다
티끌이 휩쓸고 간 들판에서
먼저 고개 든 들풀이 나를 다시 일으켜 세우니
오랜 울음 하나 쏜살처럼 멀어진다
손끝으로 더듬어 사방 어두운 허공을 툭 치면
한 방향으로만 감겨진 저 공중
과녁 아닌 곳이 없다
나도 그대도
깊은 곳 들춰보면 화살촉이 장전되어 있다
과녁 아닌 때가 없다는 듯 은사시나무 진한 향기가
공중을 불붙이고 있다

어디선가 눈먼 화살 하나
울음으로 얼룩진 과녁을 찾아 날아오르고 있다

녹거나 흩날리거나

붉은 얼굴, 붉은 눈, 붉은 마음

문득, 어제 내린 눈송이가 벚나무 마른 가지에 매달려 있었어 거짓말처럼 내가 가지 끝에 맺힌 눈사람이 되었어 급랭의 온도 속에서 누군가 나에게 벙어리장갑을 씌워주었어 얼굴, 눈, 마음을 가릴 수 있어 좋았어

오늘밤은 미녀들이 야수의 품속에서 녹을 수 있다는 사실을 잊을 만큼의 따뜻함이야 오락가락하는 것이 야수의 매력이자 마력 내가 녹을 생각을 하자 더 커다란 눈사람이 되는 걸 보면,

알고 있니 나도 모르는 사이 머리카락이 온몸을 친친 감고 있는 거
  백발의 우리가 극야를 느끼는 것처럼
  앙상한 몸이 되고서야 부끄러워지기 시작하는 것처럼,

눈물을 흘리고 싶었어 하지만 한 점 얼룩이 될 때까지 흩날리기로 국경선을 변경했어 녹을 수 없는 눈사람이었어

자꾸 눈이 감기는 봄날에,

제4부

민달팽이

저것은 집이 없는 자의 슬픔 또는 집을 버린 자의 자유
시각은 수시로 변한다

집이 짐이 되는 순간 등은 무거워지고
깃들 곳이 없는 순간 등은 허무해진다

두 개의 선택에서
민달팽이는 자유를 택한 것

맨발의 사내, 여전히 몸을 부릴 곳은 저 바닥이다
그 많은 생각을 다 깔고 누운 동안
노숙의 냉기가 뼛속으로 달라붙는 동안

하루가 빠르게 돌고 지구의 어깨가 기울어졌다
세상의 속도는 그를 비껴가고
여전히 느릿느릿 그의 보폭은 바뀌지 않았다

먼 하늘로 달아난 한때의 별들

물컹, 그것을 밟았을 때 알아챘다
밟히는 순간 놀라 튀어나온 푸른 내장들

별들의 내장이 실핏줄처럼 비치는 것은
남은 목숨이 딸랑거리는 것처럼 쓸쓸한 일
도시의 그늘이 깊어지는 밤
달팽이의 생각이 발등을 타고 오른다

신발을 잃어버린
오래전 기억이 달팽이의 몸속에서 출렁거린다
길고 긴 밤이 느릿느릿 끈적거린다

거울의 습관

   이 헛바닥은 심장 쪽으로 길게 깔린 붉은 카펫입니다 거울의 이마를 살짝 스치고 지나간,

   도요새를 따라 나온 하늘
   송사리 떼가 물고 온 새털구름
   그대 눈짓을 쏙 빼닮은 생강나무
   언덕배기 숨어 사는 생명들

   모두 얇은 거울 한 장씩 숨기고 있습니다

   정수리에서 흘러내리는 계곡물 아래로 하나같은 둘, 둘 같은 하나가 태어납니다 산고를 견딘 생각이 나를 쳐다봅니다

   손을 넣어 침몰하는 별 하나 건져냅니다 연이어 건져낸 별 조각 이어 붙여 구름 위에 펴 말리면
   알을 깬 울음, 번갈아 얼굴을 내미는 낮과 밤, 그림자 드리우며 카펫 위를 조심스럽게 걸어 나가는

위아래로 발이 붙어 있는 사람들
심해의 물소리를 털며 날갯짓하는 도요새

숨겨둔 시간을 낱낱이 실토하는
거울의 고질병은 나를 복사하는 것입니다

빗방울 영상

그들은 기다림을 죽죽 잡아당기고 있었다

투명 스크린 위로 젖은 잎들이 몸을 포개었다

누군가 보도블록을 밟고 뛰어내리고

작은 흔들림, 급제동하는 눈망울

고요를 뚫고 짧은 탄성이 여기저기서 흘러나왔다

누군가 우산을 쓰고 오고

우산 위를 후드득 튀어 오른 보도블록이 차례차례 뛰어내렸다

차양의 끝자락을 타고 투명 빗방울이 바닥을 노크했다

움푹 파인 눈가에 미소를 머금은 문이었다

얼굴을 들이밀던 오랜 기다림은 문안으로 사라졌다

뒤따르던 기다림도 엉거주춤 사라졌다

스크린 위로 불쑥 떠오른

⟨The end⟩

고요의 틈새는 사라졌다

악어에 대한 편견

거짓 눈물을 흘리며 식사를 하는 악어를
과대평가하면 안 된다
악어의 시각으로 보면
악어의 눈물 같은 사람이 있다
동물원에 가면,
돌고래 원숭이 코끼리 앵무새 비단잉어
호랑이 반달곰 사향사슴 보아구렁이가
사람을 관람한다
악어가 호수에 잠겨 쉬는 동안에도
악어의 눈물 같은 사람은
스릴 넘치는 스페셜 무대를 재현한다
약육강식弱肉强食의 습성을 알고자 둘러보면
옆에 앉은 아이 울음이 수상하다
아기가 아가로 아가가 악어로 변해갈 동안
 점점 자녀에게 잡아먹히는 부모
 때가 되면 자기를 어린 악어 먹이로 보내 거룩한 죽음을 이식한다
 필사적으로 잡고 놓지 않는 악어의 습관을

뼛속 깊이 이해하며 진짜 악어가 되어간다
눈곱 낀 세상을 보며 경계를 늦추지 않는다
끊임없이 자신을 숨기곤
느릿느릿 꼭 필요한 순간에만 움직이다 눈 깜짝할 사이
숨통을 끊어놓는다
눈물의 측면으로 보면
백상아리는 악어의 적수가 되지 못하고
가죽의 측면으로 보면
악어가죽보다 더 두껍고 피비린내 나는
가면을 쓴 너, 나 그리고 우리
악어에 대한 편견을 깨기보다
인간에 대한 새로운 역사가 날마다 속기된다

동물 연대기 @

1

코알라는 도착하지 않았다 사막여우와 하이에나가 나타났다 하이에나가 송곳니로 허공의 생살을 물어뜯고 있을 때 양은 알람시계를 들고 언덕 위로 올라갔다 내세울 뿔이 없어 울음을 들고,

늑대가 나타나기를 기다렸다 늑대를 향한 양의 고백을 들어본 적이 없다 이마에 '위험'이란 붉은 낙인이 찍힌 늑대는 양을 사랑할 수 있을까?

먹이사슬은 뜻밖에 간단하다 결승점이 출발선이다 먹이그물에서 양은 늑대를 부려 세상을 움직인다 코알라가 나무그늘에 누워 온종일 계산기를 두드리는 동안 사막여우와 하이에나는 풀밭을 장악한다

동물은 오직 자신뿐이지만 멈춰 선 반경이 대세이다 쓰러진 왕국은 미궁 속에서 홀을 키운다

2

　코알라는 언제나 친절하다 하이에나가 정의감에 불타고 있을 때 사막여우는 견지자라고 주장한다 물불 안 가리는 늑대의 배후에 숨은 양은 석양을 꿈꾼다

　무너진 홀에서 풀들은 힘을 키우고 몸을 곧추세운 나무들은 제 몸의 그늘을 좀 더 늘린다

　시계가 멈춰 서자 한 방향으로 달리던 밀림이 정지한다 양, 코알라, 사막여우, 하이에나…… 오직 늑대만이 제자리에 앉아 하울링을 한다

　적도 부근의 섬들이 물에 잠긴다 녹아내린 빙산을 타고 북극곰이 먹이를 찾아 헤맨다

꽃의 내부*

우린 던져지면 한순간에 썩는 물고기를 닮아
유혹에 빠져들면 큰일 날지도 몰라요
보잘 것 없는 꽃이어도
저마다 다른 향기는 꿀벌들에게 과분한 법이죠

꿀벌이라고 다 같은 꿀벌이 아니듯,

일테면 나직한 목소리라던가
근육의 가는 실핏줄 하나도
꽃의 마음을 끌어당길 수 있으니까요

화살이란 원래 과녁에 적중하는 먼 눈
그러니 질투는 그만

내일은 살랑대는 봄바람 원피스 입고 당신 만나러 가는 날
머리엔 원색의 페도라를 쓰고 갈 거예요

커다란 여행용 가방 속엔 돗자리 하나

태양의 막무가내를 밀어낼 자외선 차단제와

생맥주 두 캔

찔리면 피가 멈추지 않는 흑장미 한 송이 챙겨놓고

서랍 속 미로

은밀한 숲속 그늘 속으로

심장의 발랄한 드럼 연주에 발 맞춰 걸어가요

우린 거대한 코스모스 속에 빠지고 싶은 사람들이거든요

* 미국 설치미술의 거장 데니스 코펜하임의 작품 중 마지막 작품으로 2011년 부산 해운대 해수욕장에 설치된 작품.

낙과 落果

당신은 해가 낳은 아이
공중의 매듭을 풀고 날아오르려 했죠
그러나 젖은 날개로는 날을 수 없어
그만 공중을 바닥에 내려놓았어요

지상은 기어 다니는 낮은 자들의 것
벌레들 떼 지어 달려들었죠
일몰은 하루 한 차례
식어가는 체온을 재고 갔어요

장대비 퍼붓던 날,
야위어만 가던 당신은
뼈만 남은 자신의 한계와 맞닥뜨렸어요
호두알처럼 단단하고 주름진 뼈를 감추는 나라에서
뼈를 그대로 드러낸 당신,
과감하게 落을 선택하였죠

쪼글쪼글 늙어가는 시간은 치욕이 아닙니다

날마다 조금씩 낡아가는 마음으로
매듭을 풀고 날아오를 거예요

해의 나라에서 달의 나라를 찾아가는 중입니다

달이 모양을 바꾸는 것처럼
조금씩 무른 살을 버리고

드라이플라워

  잘린 발목에는 피 한 방울 남지 않았다 살 속까지 파고든 끈을 풀고 뛰어내리는 상상을 한다

  거꾸로 매달리면 향기는 왜 독해질까

  시들어가는 꽃잎이 마른 침을 삼키며 어항 속 물고기를 내려다본다 열 바퀴째 어항을 맴도는 안개꽃, 부레를 버리고 어항을 뛰쳐나온 물고기를 만난다

  금붕어의 몸짓에 꽃그늘이 세밀화처럼 일렁인다 안개꽃은 삼킨 물방울을 물 밖으로 밀어낸다

  미동微動이 만든 파문에 기어이 마른 살점 한 장 바닥에 닿는다 붉은 빗방울이 떨어진다 햇살이 눈을 찌르고 심장을 조여온다 비릿한 혈향이 바닥으로 번진다 점멸되는 신호등, 눈이 감긴다

  온통 하얀 벽,

부레가 없는 꽃이 하늘을 올려다본다
움켜쥘 발톱이 없는 새가 난다

오후 레시피

봄이 오고 있어요

정오를 꺼내려면 졸음부터 손질해야 합니다
오래 끓여야 진국이 된다지요
간이 맞지 않은 하늘은 배수구로 보내야 합니다

한낮의 화력으로 국물이 끓고 있을 때
갑자기 뛰어내린
길 위에서 동분서주하던 발바닥들
한소끔 더 끓여야겠어요

쏟아진 눈사태를 계기로 정신 바짝 차리고
역전의 기회는 붙들고
졸여진 간은 다시 맞춰야 해요

가끔 나타나는 낮달은 프라이팬
버킷리스트를 적어 오므라이스에 올리면
결심이 굳건해질 겁니다

열심히 일한 당신의 시간
곱게 채 썰어 고명으로 얹어야겠어요

먹이를 찾는 느림보 거북이도
식탁으로 초대할게요

재충전을 위한 숨겨진 성찬
내일 또 발바닥이 닳도록 걸어야 한답니다

환한 얼굴에 목소리까지 윤기가 나는 밥시간
식기 전에 얼른 드세요

어머, 겨울이 저만치 물러가고 있어요

파이*데이

나와 나 사이
다정한 간격이 쳇바퀴를 돌지요
변함없는 거리를 재고 있어요
초코파이 하나 둘 셋 하고도

π day

오늘은 내가 던진 주사위를 내가 받는 날
그림엽서 속으로 파이가 들어갑니다
메타세쿼이아 가로수 우표를 붙인
엽서 위로 자줏빛 꽃비가 흘러내릴 때
나무의 말, 나무의 군더더기도 따라 흐릅니다
나무 사이로 햇살이 숨어들자
빛 쏟아지는 바닥 위로
쌓이는 건 낙엽이 아니라 침묵입니다

여백을 아끼는 저 나무의 어기찬 의지가
메타세쿼이아 가로수길을 차지합니다

이 가을을 누구에게 부칠까요

사라져버린 가로수 거리로
이 엽서 띄워 보내면
그 옛날 그 나무들 반짝 되살아나
나는 자전거에 올라탄 앳된 소녀

시간의 페달을 밟고
엽서가 사라진 자리

여기 갈색비 내리는 가로수길에 서서
어제와 오늘의 관계와
오늘과 나의 관계를 짚어보고 있어요

일정한 거리에서 변함없이
푸른 기억이 복제되고 있어요

* 원주율: 원둘레의 길이와 원의 지름의 비율. 보통 근삿값 3.14로 사용되며 기호는 π로 나타낸다.

비상구

주저앉은 아이들이 연기를 내뿜으며
성난 파도가 되는 시간
아이들은 발목을 잘라 계단 아래로 던진다

뒷굽 없는 신발이 계단을 오르고 있다
밟으면 계단이 되는 뭉게구름
파도가 된 아이들의 신발이
창밖 수평선에 앉아 젖은 몸을 말린다

계단으로 만들어진 세상이 아이들의 구름을 받쳐준다
구름을 쳐다보던 한 아이가
울고 있다

올라가는 옥상
마주치는 공중

발목 없는 파도가 몰려들어
뒷굽 없는 신발을 벗겨 계단 아래로 던진다

높이 올라갈수록 다른 바닥에 도착하는
아이들이 만든 구름 층계
구름이 구름 아래가 되는 것은 순식간의 일
파도가 새처럼 날아다닌다

최후의 지점에서 방향을 바꾼 신발의 날갯짓

날아오른 계단
추락하는 공중

날갯짓 멈춘 바닥에는 웃는 법을 모르는 개들이 컹컹 짖는다

내려오는 계단 밑의 바닥
더 이상 나갈 곳이 없는 비상구

몸속 파도가 다 빠져나오면 새들은

얼마나 더 높은 바닥에 닿을 수 있을까

뭉게구름을 입에 문 아이가
공중으로 몸을 던졌다

계단 입구에서 비상구 불빛이 깜박인다

김사리의 시세계

이미지의 낯선 문법들

고봉준

김사리의 시세계

이미지의 낯선 문법들

고봉준

(문학평론가 · 경희대 교수)

　영문학자 일레인 스캐리는 미적 대상이 예술가에게 불러일으키는 모사 충동을 세 가지로 구분한다. "어떤 때 그것은 정확한 복제를 낳으며, 다른 어떤 때 그것은 닮은 것들을 낳으며, 또 다른 어떤 때 그것은 원래의 영감 현장과의 연결을 알아볼 수 없는 것들을 낳는다." 이 구분을 시詩에 적용하면 이렇게 말할 수 있을 것이다. 어떤 시들은 대상을 정확하게 복제하는 방식으로 창작되고, 또 어떤 시들은 대상이나 경험을 변형시켜 낯선 것으로 만드는 방식으로 창작되며, 또 어떤 시들은 원래의 대상이나 경험을 알아볼 수 없을 정도로 왜곡하는 방식으로 창작된다. 김사리의 시는 어디에 해당할까? 두 번째와 세 번째의 사이에 해당될 듯하다. 김사리 또한 여느 시인들처럼 특정한 대상이나 순간의 경험을 시화詩化하는 방식을 취하고 있다. 즉 시적 상황을 허구적으로 만들거나 대상이나 경험과 분리된 언어로 건축된 세계는 아니라는 말이다. 하지만 시인은 독자가 최초의 대상이나 경험, 즉 시적 상황을 떠올리기 어려울 정도의 변형을 가하는 듯하다. 이러한 특징으로 인해 그의 시에는 손쉬운 의미 전달은 물론 해석의 여지가 없는 경우가 많다.

  김사리는 일상적 경험이나 풍경을 소박하게 모사하는 방식, 즉 자신의 정서를 의미전달의 지평 위에서 표현함으로써 독자가 손쉽게 '의미'를 중심으로 시를 읽도록 만드는 방식을 선호하지 않는다. 반대로 시인은 최초의 대상이나 경험을 의도적으로 뒤틀고 왜곡함으로써 독자가 시를 '소비'하지 못하도록, 의미 전달과 해석의 시간을 늘려서 텍스트에서 빠져나가지 못하도록 만든다. 이러한 변형과 왜곡 속에서 사물(대상)이나 경험은 이전의 안정성을 잃어버리고, 이렇게 고정된 상태에서 이탈한 대상에 대한 시적 진술은 우리로 하여금 상당한 에너지를 투여하도록 만든다. 시인은 이 변형을 통해 익숙한 대상을, 세계를 낯선 것으로 만든다. 이 변형 이후에 우리에게 제시되는 것은 무엇일까? '이미지'이다.

당신은 해가 낳은 아이

공중의 매듭을 풀고 날아오르러 했죠

그러나 젖은 날개로는 날 수 없어

그만 공중을 바닥에 내려놓았어요

지상은 기어 다니는 낮은 자들의 것

벌레들 떼 지어 달려들었죠

일몰은 하루 한 차례

식어가는 체온을 재고 갔어요

장대비 퍼붓던 날,

야위어만 가던 당신은

뼈만 남은 자신의 한계와 맞닥뜨렸어요

호두알처럼 단단하고 주름진 뼈를 감추는 나라에서

뼈를 그대로 드러낸 당신,

과감하게 落을 선택하였죠

쪼글쪼글 늙어가는 시간은 치욕이 아닙니다

날마다 조금씩 낡아가는 마음으로

매듭을 풀고 날아오를 거예요

해의 나라에서 달의 나라를 찾아가는 중입니다

달이 모양을 바꾸는 것처럼

조금씩 무른 살을 버리고

　　　　　　　　　　—「낙과落果」 전문

  시인의 감각을 거치면 '사물'은 새로운 이미지로 재탄생한다. 이 과정을 '낯설게 하기'라고 말한다면, 김사리 시의 첫 번째 특징은 '사물'과 '세계'에 대한 '낯설게 하기'라고 말해야 할 것이다. '낙과落果'라는 제목에서 추측할 수 있듯이, 이 시는 '장대비'를 맞고 땅에 떨어진 과일 이야기가 중심이다. 시인은 '당신' 즉 과일을 "해가 낳은 아이"라고 명명한다. 이는 과일이 태양으로부터 양분을 받고 성장하기 때문일 것이다. 반면 '장대비'는 과일의 성장을 불가능하게 만들거나 '바닥'과 '지상'으로 떨어지게 만드는 시련의 요소이다. 시인은 비를 맞고 떨어지는 과일을 가리켜 "젖은 날개로는 날 수 없어／ 그만 공중을 바닥에 내려놓았어요"라고 표현한다. '낙과落果'라는 제목이 없거나, 컨텍스트를 제공하는 다른 진술들이 존재하지 않는다면 독자는 "공중을 바닥에 내려놓았어요" 같은 표현 앞에서 현기증을 느끼기 마련이다. 김사리의 작품들 중 상당수는 이러한 컨텍스트를 제공하지 않거나 '사물'과 '대상'을 과격하게 변형하고 있어서 독자의 접근을 쉽게 허락하지 않는다. (시집의 4부에 실려 있는 작품들이 비교적 그 변형의 정도가 덜하고 컨

텍스트도 친절하므로, 시집의 첫 페이지부터 읽기가 어렵다고 생각되는 독자들은 4부부터 읽어도 좋을 듯하다.)

  이 시에서 흥미로운 대목은 나무에 매달려 성장하고 있는 과일을 "공중의 매듭을 풀고 날아오르려" 하는 생명체로 인식한다는 것, 그런 성장을 '해'를 향한 상승에의 의지로 해석한다는 점이다. 반대로 "기어 다니는 낮은 자들의 것"인 '지상', 그 세계에서 "쪼글쪼글 늙어가는 시간"은 '달'의 세계와 연결된다. 시인은 세계를 '공중'과 '바닥', '천상'과 '지상', 그리고 '해'와 '달'이라는 대조적인 이미지로 제시하고 '낙과'를 하나의 질서에서 다른 하나의 질서로 이동하는 것으로 묘사한다. 그런데 시인은 땅에 떨어져 "쪼글쪼글 늙어가는 시간"과 "날마다 조금씩 낡아가는 마음"이 '치욕'이 아니라고, 그것은 "달이 모양을 바꾸는 것"과 같은 이치라고 주장한다. 여기에는 낡음(또는 늙음)을 몰락이나 소멸이 아닌 '변화'의 과정으로 이해하려는 시인의 의지가 담겨 있다. 김사리의 시에서 대상에 대한 '낯설게 하기'는 익숙한 것을 새롭게 제시하는 기법만이 아니라 적극적인 해석을 통해 대상을 다르게 의미화하려는 의지의 산물인 것이다.

    저것은 집이 없는 자의 슬픔 또는 집을 버린 자의 자유
    시각은 수시로 변한다

집이 짐이 되는 순간 등은 무거워지고
깃들 곳이 없는 순간 등은 허무해진다

두 개의 선택에서
민달팽이는 자유를 택한 것

맨발의 사내, 여전히 몸을 부릴 곳은 저 바닥이다
그 많은 생각을 다 깔고 누운 동안
노숙의 냉기가 뼛속으로 달라붙는 동안

하루가 빠르게 돌고 지구의 어깨가 기울어졌다
세상의 속도는 그를 비껴가고
여전히 느릿느릿 그의 보폭은 바뀌지 않았다

먼 하늘로 달아난 한때의 별들
물컹, 그것을 밟았을 때 알아챘다
밟히는 순간 놀라 튀어나온 푸른 내장들

별들의 내장이 실핏줄처럼 비치는 것은
남은 목숨이 딸랑거리는 것처럼 쓸쓸한 일
도시의 그늘이 깊어지는 밤
달팽이의 생각이 발등을 타고 오른다

신발을 잃어버린

오래전 기억이 달팽이의 몸속에서 출렁거린다

길고 긴 밤이 느릿느릿 끈적거린다

─「민달팽이」 전문

  지상에 떨어져 '늙어가는/낡아가는' 과일이 '과일'인 동시에 인간의 삶을 가리켰듯이, 이 시에서 '민달팽이'는 집이 없는 달팽이와 온몸으로 "노숙의 냉기"를 견디는 "맨발의 사내"를 동시에 가리킨다. 시인은 '민달팽이'라는 하나의 기호를 통해 두 개의 이질적인 대상을 동시에 이야기함으로써 '민달팽이'를 새로운 문맥 속에 위치시킨다. 먼저 민달팽이. 알다시피 민달팽이는 집이 없는 달팽이를 가리킨다. 그런데 시인은 이 '없음'을 '결핍'과 '부정'의 이중적 의미로 해석한다. 즉 '없음'이라는 단순한 사실을 받아들이지 않고 "집이 없는 자의 슬픔"과 "집을 버린 자의 자유"라는 두 가지 방식으로 해석할 수 있다고 주장함으로써 맥락 자체를 다양화한다. 이러한 맥락의 다양화는 다양화 자체를 긍정하기 위함이 아니라 "두 개의 선택에서/ 민달팽이는 자유를 택한 것"이라는 진술처럼 새로운 맥락을 제시하기 위한 시적 전략이다. 다음으로 노숙하는 사내. 추측컨대 시인은 차가운 '바닥'에 누워 있는 노숙인 사내의 '맨발'을 보고 그의 집 없음에서 '민달팽이'의 존재를 떠올렸을 것이고, 그들의 집 없음이라는 조건을 '없음', 즉 결핍이 아니라 '자유'로 해석하려는 욕망을 느꼈을 것이다. 이처럼 '집-없음'이라는 동일성이 '민달팽이'와 '노숙인'이라는 이질적인 두 존재 사이에 연속성을 부여함으로써 "세상의 속도는 그를 비껴가고/ 여전히 느릿느릿 그의 보폭은 바뀌지 않았다"라는 진술이 가능해진다. 이 진술에서 행위 주체는 '민달팽이'와 '노숙자' 모두라고 말할 수 있다.

그런데 이 시에서도 '민달팽이'와 '노숙자'를 겹쳐놓는 시적 변주에는 기법 이상의 의미가 있다. 시의 후반부에서 시인은 노숙인 사내의 '맨발'과 "신발을 잃어버린/ 오래전 기억"을 연결시키는데, 이 지점에서 '민달팽이'와 '노숙자'는 중첩되어 동일한 존재로 그려진다. 이처럼 김사리 시에서 '낯설게 하기'는 시적 대상을 원래의 맥락에서 분리해 새로운 맥락에 이식하는 재맥락화를 통해 이질적인 존재들을 하나의 공통적인 속성으로 묶어내는 방식을 취한다. 그런데 이러한 시적 대상의 이중적 맥락화에는 놓치지 말아야 할 특징이 있다. 그것은 김사리의 시가 현대사회의 부정적 성격을 드러내는 것, 사회의 주변으로 밀려나가는 존재들, 그리고 시간의 흐름으로 인해 늙어가는 존재를 시적 대상으로 선호한다는 점이다. 가령 시인은 거리를 걸어가는 "자신의 눈을 의심하지 못하는 사람들"(「세 번째 눈」)과 "아기가 아가로 아거가 악어로 변해"(「악어에 대한 편견」)가는 과정, "뭉게구름을 입에 문 아이가/ 공중으로 몸을 던졌다"(「비상구」)라는 진술을 통해 학생들의 투신자살 사건을 제시함으로써 현대사회의 비인간화 문제를 비판한다. 또한 "결식아동 백만 명" 시대임에도 불구하고 "악어의 껍질"(「21세기 악어」)로 만든 가방이 백화점과 거리를 떠도는 장면을 제시하고, 나아가 "적도 부근의 섬들이 물에 잠긴다 녹아내린 빙산을 타고 북극곰이 먹이를 찾아 헤맨다"(「동물 연대기 @」) 같은 진술을 통해 자연을 대하는 문명의 태도를 문제시한다. 그것만이 아니다. 요리 프로그램을 패러디한 "드라마보다 더 드라마틱한 뉴스쇼가 도시락에 담겨/ 시청자 안방까지 실시간 배달된다"(「오늘의 레시피: 웃기는 짬뽕」)라는 진술에서는 현대문명에 대한 조소의 태도가, '개'가 인간에게 길들여지는 과정을 "목소리를 익히면서 사회생활은 시작됩니다 다혈질 습성을 버리기 위해 털을 다듬고 옷을 입습니다"(「개의 사회학」)라고 진술하는 장면에서는 권력/질서에 순종하는 과정에 대한 비판적 시선이 고스란히 드러난다. 김사리 시에서 시적 대상이 선택되는 과정에는 이처럼 우연 이상의 무언가가 작용하고 있는 듯하다. 시적 대상에 예민하게 반응한다는 것은 곧 그 선택이 무작위가 아니라는 것을, 시적 대상의 부름에 대한 응답이라는 의미로 해석할 수 있다.

    야무진 바늘이 되고 싶었어
    부푼 위선을 터트리고 싶었어

껍질을 벗은 알맹이로 다시 시작하고 싶었어

웅크리고 앉아 국경의 아침을 기다리는 사람들이
어둠 속에서 점점 더 깊이 숨어있는
나를 꺼내고 또 꺼내는 거야

거푸집을 해체하듯 위선은 벗어야 하는 거야
남을 찌르던 바늘 끝의
호흡은 짧고도 간결하게

아니라고 부정하면 할수록
십년 전에 태어난 나
이십년 전에 태어난 나
반복적인 눈, 코, 입이 무너지고
바깥으로 튀어나오려는 또 한 사람

똑같은 모습이라고 다 같은 사람이 아닌 거야

수십 번 바늘에 찔린 상처 속에서
바늘은 부러지고 다시 바늘은 태어나고
바늘은 부러지지 않는 바늘이 되는 거야

나를 감춰 흔들리는 내 안에서

마침내 바늘마저 버린 목각인형이 되는 거야

─「청마트료시카」 전문

  이것은 정체성에 관한 이야기처럼 읽힌다. "국경의 아침"과 "청마트료시카"가 등장하는 것으로 보아 시인은 지금 해외를 여행하고 있는 듯하다. 마트료시카는 한 개의 인형 속에 작은 인형들이 겹겹이 들어 있는 러시아 목각 인형을 가리키는데, 그것의 속성이 시 전체를 관통하는 이미지를 이룬다. 1연에서 시인은 '~싶었어'라는 문형文型의 반복을 통해 자신의 희망에 대해 말하고 있다. 날카로운 '바늘'이 되고 싶었고, 부풀어 오른 '위선'을 터트리고 싶었고, 껍질이 아닌 '알맹이'로 거듭나고 싶었다는 것. 이 희망들이 여행길에 오른 이유는 아니겠지만, '바늘', '위선'을 터트리는 일, '알맹이'로 거듭 나는 일이 모두 해체와 파괴를 뜻한다는 점은 분명하다. 한편 2연에서 시인은 "웅크리고 앉아 국경의 아침을 기다리는 사람들"이 '나', 즉 시인 자신을 거듭해서 꺼낸다고 진술하고 있다. "깊이 숨어있는/ 나를 꺼내고 또 꺼내는" 일 자체가 마트료시카와 닮았다는 사실에 주목하자. 왜, 어떻게 이런 진술이 가능한 걸까? '국경'은 경계, 즉 정체성이 드러나는 장소이다. 우리는 평소 자신의 정체성, 요컨대 국가, 민족, 문화, 관습, 피부색, 언어 등에 대해 무감각하게 살아간다. 우리의 삶의 터전인 이곳은 '우리'라는 이름의 공동체를 형성하고 있으며, 그곳을 벗어나지 않는 한 관습, 피부색, 언어 등은 고민하지 않아도 되는 자연적 요소로 간주된다.

하지만 '국경'에서는 상황이 다르다. 그곳이 어떤 나라의 국경이든, '국경'에 도달하면 우리는 무의식적으로 '다름'에 대해 예민하게 반응할 수밖에 없다. 그곳은 자연스러웠던 모든 것이 의문시되는 '물음'의 장소이기도 하다. 정확하게 단정하기는 어렵지만 시인은 국경에서 이방인들을 목격하고 자신이 미처 자각하지 못하고 있던 정체를 환기하는 과정을 마트료시카 인형에서 작은 인형들이 "바깥으로 튀어나오려는" 장면과 겹쳐놓는 듯하다. 해체와 파괴에의 의지는 3연에 "거푸집을 해체하듯 위선은 벗어야 하는 거야"라는 진술로 요약되지만, 4연에서 시인은 '부정'에 대한 의지에도 불구하고 그것이 성취되기 어렵다는 고통스러운 진실에 맞닥뜨리기도 한다. 이런 일련의 사태에 대한 시인의 반응은 "똑같은 모습이라고 다 같은 사람이 아닌 거야"라는 진술에 함축되어 있다. 요컨대 시인 해체와 파괴를 통해 새로운 모습으로 거듭나기를, 작은 마트료시카 인형이 그러하듯이 '거푸집'과 같은 낡은 존재를 벗어던지고 등장하기를 희망한다. 이 시에서 가장 중요한 이미지가 겹겹이 들어 있는 목각 인형의 이미지임을 잊지 말자. 하지만 시인의 이러한 바람은 손쉽게 성취되지 못하므로 이제 시인은 시각적 동일성이 존재의 동일성을 증명하는 것은 아니라는 논리적 주장을 펼치기에 이른다. 이방인을 목격한 국경의 아침에서 시작된 시인의 사유는 이처럼 자신의 정체성의 문제로, 신생에의 의지의 문제로 확장되고, 그와 평행하게 시인은 '마트료시카' 인형의 특징을 전유하여 인간 존재의 정체성 문제를 환기한다.

자 이제는 서랍들을 위로할 시간, 낡은 서랍에게 서랍은 힘겨운 주머니가 맞습니다 감정은 나눠진 칸 수만큼이나 다양합니다 손이 닿기 쉬운 곳에 넘치기 쉬운 감정을 넣은 당신은 가벼운 걸음의 행인쯤으로 생각할까 고민 중,

나는 비울 줄 모르는 서랍이다가 비우는 서랍이 되기로 작정했거든요

잊히길 좋아하는 서랍 속 내용물은 습식의 습성을 닮았습니다 신문지를 펼치면 횡단보도 앞, 울고 있는 서랍 좌우로 두 개의 서랍이 닫혀 있다니, 감정이 인간적이란 소문은 믿을 수가 없네요

무료급식소 앞을 메운 고향을 등진 서랍들, 내려다보니 서랍들이 빠져나온 집은 새장을 닮았네요 한 무리의 사람이 새가 되는 오후입니다

서랍을 빼낸 후 무너진 가슴으로 내가 울고 있네요 루돌프는 12월의 산타를 열고 거리로 뛰쳐나왔어요 오늘밤은 서랍에다 물 먹는 하마라도 집어넣어야겠어요 하마의 입속으로 울음이 사라진다는 소문을 믿으며 지금쯤은 서랍을 비우고 싶은 시간입니다

　　　　　　　　　　　　　―「서랍을 비우는 시간」 전문

「청마트료시카」에서 확인되듯이 김사리의 시들은 독자의 손쉬운 이해를 허락하지 않는다. 원론적으로 이러한 난해성은 시인과 독자의 감각의 차이에서 발생하는 문제이지만, 그것은 시집의 전반부와 후반부의 시 쓰기 방식의 차이로 인해 한층 크게 느껴진다. 누군가가 말했듯이 '시'는 독특한 발화법인 동시에 '말 걸기'의 한 형식이다. 하지만 시인의 '말 걸기'는 결코 친절하지 않다. 때문에 분명한 매개나 맥락이 존재하지 않는 시를 읽는 일은 그만큼 어려울 수밖에 없다. 시적 비유나 상징이 개인적 성질을 강하게 띨수록 더욱 그렇다. 인용시가 대표적인 사례이다. 이 시의 핵심적 시어는 '서랍'이다. '서랍'이란 무엇일까? "*나는 비울 줄 모르는 서랍이다가 비우는 서랍이 되기로 작정했거든요*", "횡단보도 앞, 울고 있는 서랍", "무료급식소 앞을 메운 고향을 등진 서랍들" 같은 진술에서 유추해보면 이 시에서 '서랍'은 인간에 대한 대유代喩로 쓰이

고 있다. 하지만 "낡은 서랍에게 서랍은 힘겨운 주머니가 맞습니다"나 "감정은 나눠진 칸 수만큼이나 다양합니다"라는 표현은 '서랍'의 지시적 의미가 하나가 아님을, 때로 그것은 '감정'의 다른 표현으로 사용됨을 깨닫게 된다. 왜 시인은 인간을, 나아가 감정을 '서랍'이라고 표현하는 것일까? 김사리의 시는 이 물음에 대답하지 않는다. 시인은 물음에 답하는 존재가 아니라 새로운 이미지를 만들어내는 생산자이기 때문이다. 1연에서 시인은 지금을 "서랍들을 위로할 시간"으로 규정하고 있다. '서랍=인간/감정'이라는 등식을 적용하자면 "낡은 서랍에게 서랍은 힘겨운 주머니가 맞습니다"라는 진술은 '늙은 사람에게 감정은 힘겨운 것이 맞습니다'라는 느낌으로 읽어야 할 것이다. 동일한 규칙으로 3연의 상황을 이해해보자. 여기에서 "잊히길 좋아하는 서랍 속 내용물은 습식의 습성을 닮았습니다"라는 진술은 '감정'과 '눈물'의 관계를 의미하는 듯하고, "신문지를 펼치면 횡단보도 앞, 울고 있는 서랍 좌우로 두 개의 서랍이 닫혀 있다니"라는 진술은 횡단보도 앞에서 한 사람이 울고 있고, 그 사람 좌우에는 감정적인 동요가 전혀 없는 두 사람이 서 있는 장면이 신문에 실려 있다는 의미인 듯하다. 그리고 4연에서 시인은 "무료급식소 앞을 메운 고향을 등진 서랍들"을 내려다보면서 그 풍경이 '새장'을 닮았다고 느낀다. 이런 방식의 독법을 지속하다보면 우리는 불현듯 '서랍'을 '위로'한다는 것, 나아가 '서랍'을 비운다는 것의 의미에 대해 묻지 않을 수 없다.

 두 눈을 지운 자리에서 손가락이 자라기 시작했어요
 손가락 끝에 생긴 눈이 비밀번호를 누릅니다
 해제된 약속이 풍경을 이끌고 안방으로 들어갑니다

 인공 시선과 눈물을 파는 상점은 뜻밖의 비밀
 시선의 종류와 눈물의 농도에 따른 면죄부는 불티나게 팔려나가고,

 울지 마, 소리에 돌아보면
 얼굴을 감싼 손가락이
 적당한 시야로 멀어지거나 다가오는 얼굴

 말을 건넨 얼굴이 원하는 눈빛으로 당신은 말을 합니까
 한결같은 시선의 껍질을 벗기면 마침내 원하는 눈빛이 나옵니까

 빛을 보면 재빨리 터져버리는 눈망울들
 등을 대고 말하는 습관이 전염되는 동안
 창문 많은 눈을 부릅뜨며 푸른 하늘을 가리는 동안
 그림자를 가진 젖은 눈빛을 더는 떠올리지 않을 거예요

>   어둠을 매만지면 심장에 쌓아둔 빙하가 녹아 밑바닥까지 쓸어가 버리고,
>
>   거리에는 자신의 눈을 의심하지 못하는 사람들이 걸어갑니다
>   ―「세 번째 눈」 전문

 이미지를 주요한 시적 장치로 삼는 작품을 읽을 때에는 '반복'에 주목해야 한다. 시에서 이미지의 '반복'은 다양한 방식으로 실행된다. 가령 하나의 이미지가 또 다른 이미지를 연상시키는 식의 연쇄를 통해 연聯 사이에 일정한 연속성이 부여되는 방식이 있는가 하면, 각각의 연聯이 이미지의 독립적인 단위로, 그렇지만 특정한 시어나 이미지를 반복적으로 등장시킴으로써 궁극적으로는 하나의 이미지가 드러나게 만드는 방식도 있다. 김사리의 시는 후자, 즉 이미지의 병치에 가까운데, 이때 연聯과 연聯의 관계를 연속적인 것으로 읽으려고 하면 시적 진술들은 요령부득이 되고 만다. '마트료시카'의 사례와 마찬가지로, 이 시에 접근하기 위해서는 먼저 반복되는 이미지를 발견해야 한다. 이와 관련하여 '세 번째 눈'이라는 제목이 중요해 보인다. 문학작품에서 제목은 일종의 약속이다. '제목'은 시인이 독자에게 제공하는 최소한의 배려이자 시를 읽는 방향에 대한 제안이다. 그렇다면 '세 번째 눈'이란 무

엇을 가리키는 것일까?

 먼저 이 시는 "손가락 끝에 생긴 눈"에 관한 이야기로 시작된다. 여기에서 '눈'은 시각을 담당하는 신체기관이 아니라 디지털 도어락이나 스마트폰 등의 잠김 상태를 '해제'하기 위해 사용하는 신체의 일부이다. 흥미로운 점은 그 '손가락'이 이미 존재하던 신체의 일부가 아니라 "두 눈을 지운 자리"에서 자라난 것이라는 사실이다. 1연에 대하여 우리는 시적 상황이나 장면을 상상할 수는 있지만 "두 눈을 지운 자리에서 손가락이 자라기 시작했어요"라는 진술이 어떻게 탄생했는가를 이해하기는 어렵다. 다만 '두 눈'을 지웠다는 표현은 디지털 시대에 이르러 현대인이 시각기관으로서의 '눈'보다 '손가락'을 더 많이 이용하기 시작했다는 것, 보안장치나 잠금장치를 해제할 때에는 '손가락'이 사실상 '눈' 역할을 대신한다는 것을 말하려는 듯하다. 마찬가지로 2연에서 시인은 "인공 시선과 눈물"에 대해 이야기한다. 여기에서도 "뜻밖의 비밀"이나 "면죄부"가 의미하는 바가 무엇인지 단정하기는 어렵다. 여기에서 중요한 점은 현대사회는 "인공시선과 눈물을 파는 상점"이 존재하는 세계라는 것, 즉 인공낙원이라는 사실이다. 그것만이 아니다. 이 시에서는 2~4연의 구체적 내용과 변형방식, 나아가 "등을 대고 말하는 습관" 같은 진술이 함축하는 바를 가늠하기 어렵다. 하지만 매 연聯마다 '눈빛', '시선', '눈망울', '눈' 등의 시어들이 반복된다는 점은 주목을 요한다. 그리고 이러한 이미지는 마지막 연에 이르러 "거리에는 자신의 눈을 의심하지 못하는 사람들이 걸어갑니다"라는 문장, 그러니까 맹목盲目의 시선에 대한 비판으로 귀결된다. 여기에서 화자가 말하려는 의심의 대상은 지워진 '두 눈'이 아니라 새롭게 자라난 손가락 끝에 생긴 '세 번째 눈'이다. 시인은 이러한 상상력을 통해 자연성을 상실한 현대인의 눈을, 그 눈의 인공성을 자연적인 것으로 오판하고 살아가는 대중들을 그려낸다.

| 김사리 |

본명 김현미(金賢美), 경남 밀양 출생. 2014년 계간 『시와사상』에 「헐거운 햇빛의 내력」외 4편이 당선되어 작품 활동을 시작했다.

이메일 : full-leaf@hanmail.net

파이데이 ⓒ 김사리

초판 인쇄 · 2019년 12월 11일
초판 발행 · 2019년 12월 16일

지은이 · 김사리
펴낸이 · 이선희
펴낸곳 · 한국문연

서울 서대문구 증가로 31길 39, 202호
출판등록 1988년 3월 3일 제3-188호
대표전화 302-2717 | 팩스 · 6442-6053
디지털 현대시 www.koreapoem.co.kr
이메일 koreapoem@hanmail.net

ISBN 978-89-6104-256-7 03810

값 10,000원

＊ 잘못된 책은 바꾸어 드립니다.

＊ 이 시집은 2019년 부산광역시, 부산문화재단 지역문화예술특성화지원사업의 지원으로 제작되었습니다.

이 도서의 국립중앙도서관 출판시도서목록(CIP)은 서지정보유통지원시스템 홈페이지(http://seoji.nl.go.kr) 와 국가자료공동목록시스템(http://www.nl.go.kr/kolisnet)에서 이용하실 수 있습니다.
(CIP제어번호: CIP2019050455)